EINFACH GUT

Fritz Faist

Sandwich-Toasts und andere Leckerbissen

FALKEN

Inhalt

Zu diesem Buch

Sandwich- und andere Toasts lassen sich zu vielen Gelegenheiten zubereiten. Ob Party oder Kindergeburtstag, Frühstück, Brunch oder einfach die Mahlzeit zwischendurch, diese kleinen Gerichte werden immer ein Erfolg sein. Jeder kann die Toasts nach eigenem Gusto und mit beliebigen Zutaten herstellen. Voraussetzung für das Gelingen sind allerdings die richtigen Gerätschaften. Für die Sandwich-Toasts gibt es eigentlich kein besseres Gerät als den Sandwich-Toaster (z. B. von der Firma TEFAL). Unsere ersten zwei Rezeptkapitel sind speziell für dieses Gerät geschrieben worden. Garzeiten sind auf das Gerät abgestimmt. Wie vielfältig das Sandwich-Toasten ist, zeigen wir Ihnen anhand der vielen unterschiedlichen Rezepte. Ob pikante oder süße Toastideen, es wird bestimmt für jeden Geschmack etwas dabei sein.
Alle unsere Rezepte sind Vorschläge, die mit etwas Phantasie und mit den verschiedensten Zutaten variiert werden können. Die Füllmengen bei den Sandwich-Toasts reichen immer für vier Sandwich-Toasthälften (je zwei zusammengeklappte Toastscheiben). Sollten Sie einen Sandwich-Toaster mit doppeltem Fassungsvermögen besitzen, so gilt es, die angegebenen Mengen einfach zu verdoppeln. Bei Back- und Garzeitangaben haben wir uns auf etwa-Angaben beschränkt, da der Garpunkt nach Belieben gewählt werden kann und abhängig von Ihrem Geschmack ist. Ob der Sandwich-Toast weicher oder knuspriger sein soll, bestimmen Sie selbst. Sandwich-Toasts auf Vorrat sind ein Tip der besonderen Art. Toasten Sie Ihre Sandwich-Toasts nur zwei bis drei Minuten vor. Vor dem Servieren dann nur noch wenige Minuten toasten, und Sie haben leckere, schnelle Toasts für die Familie oder für Freunde. Für unsere klassischen Toasts empfehlen wir den Toast 'n' Grill von der Firma TEFAL, denn mit einem solchen Gerät können Sie alle Garvorgänge am Tisch bereiten und müssen nicht in der Küche mit einem Backofen abseits einer lustigen Runde arbeiten. Wir haben unsere Garzeiten als Mittelwerte angegeben, damit Sie auswählen können, in welchem Gerät Sie die Toasts garen wollen.
Die Vorbereitungszeiten, die wir mit in die Rezepte aufgenommen haben, helfen Ihnen bei der Vorbereitung. Eine versierte Hausfrau oder ein Hobbykoch mit dem nötigen handwerklichen Geschick wird allerdings diese Zeiten locker unterbieten. In den Rezepten wird davon ausgegangen, daß Gemüse, Obst, Salate und Kräuter bereits gewaschen und geputzt sind, es wird also nicht mehr eigens erwähnt.
Mit unserem Geschmackshinweis erhalten Sie darüber hinaus einen weiteren Kurzhinweis, um dem Geschmack Ihrer Lieben gerecht zu werden. Übrigens: Bei unserer letzten Sandwich-Toast-Party waren alle begeistert. Diejenigen Freunde, die den Sandwich-Toaster noch nicht besitzen, werden bis zur nächsten Party ganz sicherlich auch einen haben.

Abkürzungen:

EL	= Eßlöffel (gestrichen)
TL	= Teelöffel (gestrichen)
Msp.	= Messerspitze
TK-...	= Tiefkühl-...
l	= Liter
ml	= Milliliter
kg	= Kilogramm
g	= Gramm
P.	= Päckchen
kcal	= Kilokalorien
ca.	= circa
cl	= Zentiliter
Min.	= Minute(n)
Std.	= Stunde(n)

Alle Rezepte sind für **2 Personen** berechnet.
Die **Kalorienangaben** beziehen sich immer auf 1 Portion.

Sandwich-Toasts & Co.

Es bedarf keiner allzu großen Küchenfertigkeit, um diesen neuen Partygag zuzubereiten.
Grundvoraussetzung ist natürlich, daß Sie einen Sandwich-Toaster (z.B. von der Firma TEFAL) besitzen.
Vor dem Garen sollten Sie die beschichteten Toastplatten mit ganz wenig Fett einstreichen und vorheizen, damit der Sandwich-Toast auch richtig knusprig wird.

Auf los geht's los:
Stellen Sie sich das Brot Ihrer Wahl, wenn nötig zugeschnitten auf die Größe der Einsätze, mit den Zutaten Ihres Geschmacks bereit. Nachdem Sie die Brotscheiben dünn mit Butter oder Margarine oder einem Brotaufstrich Ihrer Wahl bestrichen haben, kann nach Herzenslust belegt werden. Belegen Sie immer nur zwei Scheiben Brot, damit Sie die beiden anderen auf den Belag setzen können. Grundsätzlich sollten Sie darauf achten, daß die Zutaten nicht zu feucht sind. Früchte sollten deshalb nicht zu saftig und Cremes oder Saucen nicht zu flüssig sein, damit Ihr Sandwich-Toast nicht durchweicht und so seinen Geschmack verliert.
Ein Tip: Mit wenigen Haferflocken lassen sich zu flüssige Füllungen gut binden. Der Belag sollte nicht höher als maximal 2 bis 3 Zentimeter auf den unteren Scheiben angerichtet werden, da sonst beim Verschließen des Gerätes die Zutaten zu sehr gepreßt werden und sich die Toastscheiben an den Rändern nicht schließen können. Das Resultat bei zuviel Belag ist unschön. Außerdem läuft Flüssigkeit während des Toastens aus dem Sandwich-Toaster und verschmutzt und verkrustet das Gerät.

Bei Zutaten wie Wurst- oder Bratenscheiben, Gemüse- oder Obstscheiben, also bei allen Zutaten, die sich beim Verschließen des Geräts nicht durch die Diagonalkanten zerteilen lassen, sollten Sie die getoasteten Sandwich-Toasts eventuell diagonal halbieren und dann servieren.

Käse ist der Garant für den Erfolg der Sandwich-Toasts. Durch seinen feinen Geschmack und seine Schmelzfähigkeit lassen sich erstklassige Ergebnisse erzielen. Achten Sie aber immer darauf, daß Sie Käsesorten verwenden, die einerseits zu den übrigen Zutaten passen und sie nicht durch allzu kräftigen Geschmack in das Abseits drängen, und andererseits darauf, daß der Käse nicht zu trocken ist und somit schlecht zerläuft. Da die Garzeiten verhältnismäßig kurz sind, sollten Sie Schnittkäse sowie halbfesten Schnittkäse, Weichkäse, Sauermilch- oder Frischkäse verwenden.

Die wichtigsten Vertreter sind junge Edamer- und Goudasorten, der Maribo und der Havarti, der Appenzeller oder der typische Raclettekäse sowie der Tilsiter. Butterkäse, Bel Paese, Esrom oder Port Salut, ein Weißlacker oder ein Edelpilzkäse aus dem Bereich der halbfesten Schnittkäsesorten lassen Ihren Sandwich-Toast genauso gut geraten wie die Verwendung von Bries oder eine der vielen verschiedenen Camembertsorten. All diese Käsesorten lassen sich in Verbindung mit Wurst und Fleisch, Gemüse und Obst als Aroma- und Geschmacksgeber immer einsetzen. Sie sollten unbedingt darauf achten, daß die Käsescheiben nicht größer als die Brotscheiben sind. Es ist sogar besser, grundsätzlich etwas kleinere Käsescheiben zu verwenden, denn wenn sich das Brot beim Toasten im Sandwich-Toaster nicht richtig verschließen läßt, läuft der Käse heraus und es gibt dann eine unansehnliche Kruste.

Wie bei den klassischen Toasts, so ist es auch bei den Sandwich-Toasts wichtig, die richtige Dauer der Garzeit zu wählen. Bei allen Zutaten, die sich leicht erhitzen, bei Käse, der schnell schmilzt, oder einfach bei wenig Füllung reicht im Sandwich-Toaster eine Garzeit von 3 bis 4 Minuten aus. Falls Sie aber Zutaten verwenden, die stärker erwärmt werden müssen, sollten Sie Ihre Sandwich-Toasts nicht länger als 6 bis 7 Minuten im Gerät lassen, da sonst das Brot zu trocken und zu knusprig wird.

Bei allen Toasts, die Sie im Toast 'n' Grill oder im Schlemmerofen (beide Geräte von der Firma TEFAL erhältlich) zubereiten, gilt eigentlich dasselbe. Außerdem sind hier aufgrund der Tatsache, daß die Hauptthitze nur von oben kommt, die Garzeiten generell etwas länger. Beim Toast 'n' Grill liegen die Garzeiten, die man benötigt, um eine schöne, gleichmäßige Kruste und Temperatur zu bekommen, bei ungefähr 15 bis 20 Minuten.

Wer unsere klassischen Toastrezepte im Backofen zubereiten will, der sollte auf jeden Fall ein Gerät besitzen, bei dem man die Oberhitze separat einschalten kann. Bei gleichzeitiger Ober- und Unterhitze kann es sonst passieren, daß die Brotscheiben zu trocken und hart werden.

Lassen Sie sich auf jeden Fall bei der Auswahl Ihrer Zutaten von Ihrem Geschmack und unseren Rezepten leiten.

Verändern und mischen Sie nach Gusto – der Erfolg wird Ihnen recht geben.

PIKANTE SANDWICH-TOASTS

Mal würzig – mal pikant, für viele Anlässe sind unsere Sandwich-Toasts eine lustige kulinarische Idee für zu Hause. Ihre Familie und Ihre Gäste werden überrascht sein, mit welcher Geschmacksvielfalt einfache Zutaten zu Schlemmereien werden.

Einfache Schinkentaschen

- Vorbereitungszeit: ca. 6 Min.
- ca. 330 kcal je Portion
- Dazu paßt ein gemischter Salat

4 Scheiben Toastbrot
1–2 EL Remouladensauce
1 kleine Zwiebel
1 Essiggurke
2 EL frisch geschnittener Schnittlauch
2 Scheiben gekochter oder roher Schinken
1–2 EL Curryketchup
2 Scheibletten

1. Die Toastbrotscheiben mit der Remouladensauce bestreichen.

2. Die Zwiebel in feine Würfel schneiden. Die Essiggurke hacken.

3. Zwiebelwürfel, Essiggurken und Schnittlauch mischen und gleichmäßig auf die Remouladensauce verteilen.

4. Den Schinken darauf legen. Mit Curryketchup bestreichen und mit den Scheibletten bedecken.

5. Die restlichen Toastscheiben darauf legen und im Sandwich-Toaster 3 bis 4 Minuten toasten.

6. Die Schinkentaschen herausnehmen, diagonal halbieren, anrichten und mit dem Salat servieren.

Tip:
Für Ihre Sandwich-Toast-Party können Sie die Zutaten Ihrer Wahl auf ein großes Brett oder eine Platte legen, damit sich jeder selbst seinen eigenen Sandwich-Toast zubereiten kann. Neben den vielen Wurst- und Käsesorten sollten Sie einige Saucen und Dips oder verschiedene Cremes und Mischungen bereithalten. Eine große Auswahl finden Sie auf den folgenden Seiten.

Feuertaschen

- Vorbereitungszeit: 8–10 Min.
- ca. 430 kcal je Portion
- Dazu paßt ein Glas leichter Weißwein

1 Knoblauchzehe
50 g geräucherter durchwachsener Speck
1/2 kleine Zwiebel
1/2 rote Paprikaschote
1-2 EL Butter oder Margarine
1-2 EL Paprikamark
1 EL grüne Pfefferkörner
Salz, frisch gemahlener Pfeffer
1 Prise Cayennepfeffer
1 EL gehackte Petersilie
4 Scheiben Toastbrot

1. Die Knoblauchzehe fein hacken, den Speck fein würfeln.

2. Die Zwiebel und die Paprikaschote in feine Würfel schneiden.

3. Die Butter mit dem Speck und dem Knoblauch in eine Pfanne geben und den Speck auslassen. Die Zwiebeln und die Paprikaschoten dazugeben und kurz glasig schwitzen.

4. Das Paprikamark mit den Pfefferkörnern daruntermischen. Mit Salz, Pfeffer und Cayennepfeffer kräftig abschmecken, dann erkalten lassen.

5. Die Petersilie daruntermischen. Die Toastbrotscheiben dünn mit Butter oder Margarine bestreichen.

6. Die Masse auf zwei Toastbrote verstreichen und mit den restlichen Toastscheiben bedecken. Die Sandwich-Toasts im Sandwich-Toaster 5 bis 6 Minuten toasten. Herausnehmen, diagonal halbieren, anrichten und servieren.
(auf dem Foto: oben)

Kräuterecken

- Vorbereitungszeit: ca. 5 Min.
- ca. 330 kcal je Portion
- Dazu paßt Tomatensalat

1 Ecke Doppelrahm-Frischkäse (ca. 65 g)
1 Schuß Sahne
1/2 kleine Zwiebel
2 Sardellenfilets
1-2 EL mittelscharfer Senf
1 EL gehackte Petersilie
1 EL gehackter Dill
1-2 EL gehackte Kresse
Salz
frisch gemahlener Pfeffer
1 Prise Muskat
1 Prise Cayennepfeffer
einige Tropfen Zitronensaft
4 Scheiben Toastbrot

1. Den Frischkäse mit der Sahne in eine Schüssel geben und glattrühren.

2. Die Zwiebel würfeln. Die Sardellenfilets fein hacken.

3. Mit dem Senf und den Kräutern unter den Frischkäse rühren. Das Ganze mit Salz, Pfeffer, Muskat, Cayennepfeffer und Zitronensaft abschmecken.

4. Die Toastbrotscheiben mit der Masse gleichmäßig bestreichen, zusammenklappen und im Sandwich-Toaster 3 bis 4 Minuten toasten. Herausnehmen, diagonal halbieren, anrichten und servieren.
(auf dem Foto: unten)

SCHARF

FEIN-WÜRZIG

Feine Champignon-Schinken-Ecken

- Vorbereitungszeit: ca. 5 Min.
- ca. 320 kcal je Portion
- Dazu paßt grüner Salat mit Zitronendressing

30 g frische Champignons
einige Tropfen Zitronensaft
30 g gekochter Schinken
1 Schalotte
1 Ecke Schmelzkäse
1 EL gehackte Petersilie
Salz
frisch gemahlener Pfeffer
1 Prise Muskat
1 Prise Cayennepfeffer
4 Scheiben Toastbrot
1-2 EL Butter oder Margarine

1. Die Champignons mit Zitronensaft beträufeln und mit dem Schinken und der Schalotte fein hacken.

2. Den Schmelzkäse und die Petersilie zu der Schinkenmasse geben und alles gut miteinander verrühren. Das Ganze mit Salz, Pfeffer, Muskat und Cayennepfeffer kräftig abschmecken.

3. Die Toastbrotscheiben mit Butter oder Margarine bestreichen und die Schinkenmasse gleichmäßig darauf verteilen. Die Toastbrotscheiben zusammenklappen und im Sandwich-Toaster 3 bis 4 Minuten toasten. Herausnehmen, diagonal halbieren, anrichten und servieren.
(auf dem Foto oben)

Deftige Bauernecken

- Vorbereitungszeit: 8–10 Min.
- ca. 510 kcal je Portion
- Dazu paßt ein Glas kräftiger Rotwein

50 g mageres, geräuchertes Bauchfleisch
1 Zwiebel
1 Stück Lauch (ca. 10 cm lang)
1 Schuß Sahne
1-2 EL geriebener Parmesankäse
1 EL frisch geschnittener Schnittlauch
1 EL gehackte Petersilie
Salz
frisch gemahlener Pfeffer
1 Prise Cayennepfeffer
4 Scheiben Toastbrot
1-2 EL Butter oder Margarine

1. Das Bauchfleisch, die Zwiebel und den Lauch würfeln.

2. Das Bauchfleisch und das Gemüse mit der Sahne im Mixer oder mit dem Pürierstab pürieren. Den Parmesankäse und die Kräuter daruntermischen.

3. Die Masse mit Salz, Pfeffer und Cayennepfeffer kräftig abschmecken.

4. Die Toastbrotscheiben mit Butter oder Margarine bestreichen. Die Masse gleichmäßig darauf verteilen. Die Toastbrote zusammenklappen und im Sandwich-Toaster 5 bis 6 Minuten toasten. Herausnehmen, diagonal halbieren, anrichten und servieren.
(auf dem Foto unten)

ALLERFEINST

KERNIG

Waldpilzecken

- Vorbereitungszeit: 8–10 Min.
- ca. 370 kcal je Portion
- Dazu passen ein Wildkräutersalat und ein Glas kühles Bier

50 g grobe Leberwurst
50 g Mischpilze aus der Dose
1 Schalotte
1 EL Preiselbeeren
1 EL frisch geschnittener Schnittlauch
1 EL frisch gehackte Petersilie
1 TL grüne Pfefferkörner
Salz
frisch gemahlener Pfeffer
1 Prise gemahlener Kümmel
1 Prise Cayennepfeffer
4 Scheiben Toastbrot
1–2 EL Butter oder Margarine

1. Die Leberwurst aus dem Darm in eine Schüssel streichen.

2. Die Mischpilze abspülen und gut abtropfen lassen, mit der Schalotte fein hacken.

3. Schalotten und Mischpilze mit den Preiselbeeren, den Kräutern und den Pfefferkörnern unter die Leberwurst rühren.

4. Mit Salz, Pfeffer, Kümmel und Cayennepfeffer kräftig abschmecken.

5. Die Toastbrotscheiben mit Butter oder Margarine bestreichen, die Masse gleichmäßig darauf verteilen, zusammenklappen. Die Sandwich-Toasts im Sandwich-Toaster 3 bis 4 Minuten toasten. Herausnehmen, diagonal halbieren, anrichten und servieren.

Camemberttaschen

- Vorbereitungszeit: 8–10 Min.
- ca. 390 kcal je Portion
- Dazu paßt Tomatensalat mit Knoblauchdressing

1 Ecke Camembert
1 Schuß Sahne
1 Schalotte
1 EL Tomatenmark
1 EL grüne Pfefferkörner
1/2 TL Paprikapulver edelsüß
einige Tropfen Obstschnaps
1 EL gehackte Petersilie
1 EL gehackter Kerbel
Salz, frisch gemahlener Pfeffer
1 Prise Cayennepfeffer
1 Prise Zucker
4 Scheiben Toastbrot
1–2 EL Butter oder Margarine

1. Die Camembertecken in eine Schüssel geben, mit einer Gabel zerdrücken und mit der Sahne glattrühren.

2. Die Schalotte fein hacken. Mit dem Tomatenmark, den Pfefferkörnern, dem Paprikapulver, dem Schnaps und den Kräutern unter den Camembert rühren.

3. Die Masse mit Salz, Pfeffer, Cayennepfeffer und Zucker abschmecken.

4. Die Toastbrote mit Butter oder Margarine bestreichen und den Camembert gleichmäßig darauf verteilen. Die Toastbrote zusammenklappen und im Sandwich-Toaster 3 bis 4 Minuten toasten. Herausnehmen, diagonal halbieren, anrichten und servieren.

Italienische Oliventaschen

- Vorbereitungszeit: ca. 5 Min.
- ca. 510 kcal je Portion
- Dazu paßt ein gemischter Salat

30 g italienische Salami am Stück
1 Zwiebel
1 kleines Glas gefüllte Oliven
1 Knoblauchzehe
2 EL Kapern
1 EL gehackter Oregano
1 EL gehacktes Basilikum
einige Tropfen Aceto balsamico
1–2 EL geriebener Parmesankäse
Salz
frisch gemahlener Pfeffer
1 Prise Cayennepfeffer
4 Scheiben Toastbrot
1–2 EL Butter oder Margarine

1. Die Salami fein würfeln. Die Zwiebel fein hacken. Die Oliven gut abtropfen lassen und ebenfalls hacken.

2. Die Knoblauchzehe hacken und mit Salz zu einer Paste zerreiben. Mit den Kapern, der Salami, den Zwiebeln und den Oliven gut vermischen.

3. Mit Oregano, Basilikum und Aceto balsamico abschmecken. Den Parmesankäse daruntermischen. Das Ganze mit Salz, Pfeffer und Cayennepfeffer kräftig würzen.

4. Die Toastbrotscheiben mit Butter oder Margarine bestreichen. Mit der Masse gleichmäßig bedecken, zusammenklappen und im Sandwich-Toaster 3 bis 4 Minuten toasten. Herausnehmen, diagonal halbieren, anrichten und servieren.
(auf dem Foto: oben)

Pikante Knoblauchtaschen

- Vorbereitungszeit: ca. 5 Min.
- ca. 350 kcal je Portion
- Dazu paßt ein Glas trockener Rotwein

30 g getrocknete, in Öl eingelegte Tomaten
30 g in Öl eingelegte Auberginen
1 milde Peperoni
2 Knoblauchzehen
1/2 kleine Zwiebel
Salz
frisch gemahlener Pfeffer
1 Prise Cayennepfeffer
1/2 EL gehackter Oregano
1 EL gehacktes Basilikum
4 Scheiben Toastbrot
1–2 EL Butter oder Margarine

1. Die Tomaten und Auberginen gut abtropfen lassen. Die Peperoni halbieren, die Kerne herauslösen. Den Knoblauch und die Zwiebel grob zerkleinern.

2. Das Gemüse fein hacken oder im Mixer pürieren.

3. Die Masse mit Salz, Pfeffer, Cayennepfeffer, Oregano und Basilikum abschmecken.

4. Die Toastbrotscheiben mit Butter oder Margarine bestreichen und die Masse gleichmäßig darauf verteilen. Die Toastbrotscheiben zusammenklappen und im Sandwich-Toaster 3 bis 4 Minuten toasten. Herausnehmen, diagonal halbieren, anrichten und servieren.
(auf dem Foto: unten)

Frühlingsecken

- Vorbereitungszeit: ca. 5 Min.
- ca. 260 kcal je Portion
- Dazu paßt ein Glas leichter Weißwein

2 Frühlingszwiebeln, in Würfeln
1 feingehackte Knoblauchzehe
je 1/2 EL gehackte Petersilie, Brunnenkresse, Minze
2 EL Speisequark
1 EL geriebener Emmentalerkäse
Salz, frisch gemahlener Pfeffer
1 Prise Cayennepfeffer
1 TL Tsatsikigewürz
4 Scheiben Toastbrot mit Butter

1. Zwiebeln, Knoblauch, Kräuter und Quark glattrühren. Den Käse daruntermischen. Alles mit den Gewürzen abschmecken.

2. Die Brotscheiben mit der Masse bestreichen. Die Toastscheiben zusammenklappen und im Sandwich-Toaster 3 bis 4 Minuten toasten. Herausnehmen, eventuell halbieren, anrichten und servieren.

Tomatenecken

- Vorbereitungszeit: ca. 4 Min.
- ca. 370 kcal je Portion
- Dazu paßt ein Käsesalat

1 Tomate, 4 Scheiben Toastbrot
1–2 EL Butter oder Margarine
2 Scheiben gekochter Schinken
1 Schalotte
Salz, frisch gemahlener Pfeffer
je 1 EL gehacktes Basilikum und Oregano, 2 Scheibletten

1. Die Tomate vom Strunk befreien und in hauchdünne Scheibchen schneiden.

2. Die Toastbrote dünn mit Butter oder Margarine bestreichen und zwei Scheiben mit dem gekochten Schinken belegen. Die Tomatenscheiben gleichmäßig darauf legen. Die Schalotte fein hacken und darüberstreuen. Das Ganze mit Salz, Pfeffer, Basilikum und Oregano würzen.

3. Mit den Scheibletten bedecken. Mit den restlichen Toastbrotscheiben bedecken und im Sandwich-Toaster 5 bis 6 Minuten toasten. Herausnehmen, anrichten und servieren.

Ananasteilchen

- Vorbereitungszeit: 8–10 Min.
- ca. 300 kcal je Portion
- Dazu paßt ein Chicoréesalat

2 dünne Scheiben Ananas (frisch oder aus der Dose)
2 Scheiben Toastbrot
2 EL Remouladensauce
2 Scheiben gebratene Putenbrust
2–3 EL gehackte Kresse
2–3 EL Chilisauce
2 Scheiben Butterkäse

1. Die Ananasscheiben halbieren und – falls aus der Dose – gut abtropfen lassen.

2. Zwei Scheiben Toastbrot dünn mit Remouladensauce bestreichen. Die Putenbrust- und die Ananasscheiben darauf legen. Mit Kresse bestreuen, mit Chilisauce beträufeln und mit Butterkäse bedecken.

3. Die restlichen Toastbrotscheiben darauf legen und im Sandwich-Toaster 5 bis 6 Minuten toasten. Herausnehmen, diagonal halbieren, anrichten und servieren.

Spargeldreiecke

- Vorbereitungszeit: ca. 5 Min.
- ca. 340 kcal je Portion
- Dazu paßt ein Glas leichter Weißwein

50 g gekochter Spargel aus der Dose
1 kleines hartgekochtes Ei
50 g gekochte Hühnerbrust
1 EL gehackte Gartenkresse
Salz, frisch gemahlener Pfeffer
1 Prise Cayennepfeffer
1–2 EL geriebener Emmentaler
4 Scheiben Toastbrot
1–2 EL Butter oder Margarine

1. Den Spargel gut abtropfen lassen und in dünne Scheibchen schneiden. Das Ei schälen und fein hacken.

2. Die Hühnerbrust würfeln und mit dem Spargel, dem Ei und der Kresse mischen. Mit Salz, Pfeffer und Cayennepfeffer würzen. Den Käse daruntermischen.

3. Die Toastbrotscheiben mit Butter oder Margarine und mit der Masse bestreichen. Die Toastbrotscheiben zusammenklappen und im Sandwich-Toaster 3 bis 4 Minuten toasten. Herausnehmen, anrichten und servieren.

Sandwich-Toast mit Knoblauchpaste

- Vorbereitungzeit: ca. 5 Min.
- ca. 320 kcal je Portion
- Dazu paßt Tomatensalat mit Mozzarella

3 Knoblauchzehen
1/2 TL Salz nach Belieben
1 EL Ölivenöl
1 EL mittelscharfer Senf
1 kleine Zwiebel
1-2 EL eingelegte Kapern
einige Tropfen Zitronensaft
je 1/2 EL frisch gehackte Petersilie, Schnittlauch und Oregano
Salz, frisch gemahlener Pfeffer
1 Prise Cayennepfeffer
1 Prise Zucker
4 Scheiben Toastbrot

1. Die Knoblauchzehen fein hacken und mit Salz zu einer Paste zerreiben. Mit dem Öl und dem Senf mischen. Die Zwiebel und die Kapern hacken und daruntermischen.

2. Mit Zitronensaft, Petersilie und Schnittlauch, Oregano, Salz, Pfeffer, Cayennepfeffer und Zucker kräftig abschmecken.

3. Die Toastbrotscheiben mit der Paste bestreichen, zusammenklappen und im Sandwich-Toaster 3 bis 4 Minuten toasten. Herausnehmen, diagonal halbieren, anrichten und servieren.
(auf dem Foto: links)

Sandwich-Toast mit Sardellenpaste

- Vorbereitungszeit: ca. 5 Min.
- ca. 390 kcal je Portion
- Dazu paßt ein Rohkostteller mit Dips

4-6 Sardellenfilets
1 Ecke Doppelrahm-Frischkäse
1-2 EL Parmesankäse
1-2 EL mittelscharfer Senf
je 1 EL gehackter Dill und Petersilie
einige Tropfen Zitronensaft
Salz, frisch gemahlener Pfeffer
1 Prise Cayennepfeffer
1 Prise Zucker
4 Scheiben Toastbrot
1-2 EL Butter oder Margarine

1. Die Sardellenfilets und die Zwiebel fein hacken, mit dem Frischkäse in einer Schüssel glattrühren.

2. Den Parmesankäse, den Senf, die Kräuter und den Zitronensaft daruntermischen. Mit Salz, Pfeffer, Cayennepfeffer und Zucker kräftig abschmecken.

3. Die Toastbrotscheiben mit Butter oder Margarine dünn bestreichen. Die Masse gleichmäßig auf die Toastbrotscheiben streichen, diese zusammenklappen und im Sandwich-Toaster 3 bis 4 Minuten toasten. Herausnehmen, diagonal halbieren, anrichten und servieren.
(auf dem Foto: rechts)

Sandwich-Toast mit Ei-Gemüse

- Vorbereitungszeit: 8–10 Min.
- ca. 540 kcal je Portion
- Dazu paßt ein leichter Rotwein

1 kleine Zwiebel
1 Stück Lauch (ca. 10 cm lang)
30 g durchwachsener geräucherter Speck
1–2 EL Butter oder Margarine
Salz, frisch gemahlener Pfeffer
1 Prise Cayennepfeffer
1 Prise Kümmel
1 Ei
30 g geriebener Emmentaler
2 EL frisch geschnittener Schnittlauch
4 Scheiben Toastbrot
1–2 EL Butter oder Margarine

1. Die Zwiebel und den Lauch in feine Streifen oder Würfel schneiden und den Speck fein würfeln.

2. Die Butter oder Margarine in einer Pfanne erhitzen und den Speck darin auslassen. Das Gemüse dazugeben und darin glasig schwitzen. Mit Salz, Pfeffer, Cayennepfeffer und Kümmel kräftig würzen. Vom Feuer nehmen, das Ei und den Käse kräftig darunterschlagen und den Schnittlauch daruntermischen. Nochmals abschmecken.

3. Die Toastbrotscheiben mit Butter oder Margarine dünn bestreichen und die Masse gleichmäßig darauf verteilen. Die Toastbrotscheiben zusammenklappen und im Sandwich-Toaster 8 bis 10 Minuten toasten. Herausnehmen, diagonal halbieren, anrichten und servieren.
(auf dem Foto oben)

Sandwich-Toast mit Schnittlauch-Ei

- Vorbereitungszeit: ca. 5 Min.
- ca. 360 kcal je Portion
- Dazu paßt Endiviensalat mit Zwiebeldressing

4 Scheiben Toastbrot
1–2 EL Butter oder Margarine
1 Ei
30 g geriebener Emmentaler
30 g gekochter Schinken
1 Bund Schnittlauch
Salz, frisch gemahlener Pfeffer
1 Prise Cayennepfeffer
1 Prise Muskat

1. Die Toastbrotscheiben dünn mit Butter oder Margarine bestreichen.

2. Das Ei mit dem Emmentaler mischen. Den Schinken fein würfeln und dazugeben.

3. Den Schnittlauch fein schneiden, dazugeben und alles miteinander mischen.

4. Mit Salz, Pfeffer, Cayennepfeffer und Muskat kräftig abschmecken. Die Masse gleichmäßig auf die Toastbrotscheiben verteilen.

5. Die Toastscheiben zusammenklappen und im Sandwich-Toaster 5 bis 6 Minuten toasten. Herausnehmen, diagonal halbieren, anrichten und servieren.
(auf dem Foto unten)

FEIN

WÜRZIG

Tatarecken

- Vorbereitungszeit: ca. 5 Min.
- ca. 370 kcal je Portion
- Dazu paßt ein Tomatensalat mit Käsedressing

75 g Tatar
1 kleine Zwiebel
1 kleine Essiggurke
1–2 EL eingelegte Kapern
1 EL mittelscharfer Senf
1 TL grüne Pfefferkörner
einige Tropfen Weinbrand
Salz, frisch gemahlener Pfeffer
1 Prise Cayennepfeffer
4 Scheiben Toastbrot
1–2 EL Butter oder Margarine

1. Das Tatar in eine Schüssel geben. Die Zwiebel, die Essigurke und die Kapern hacken und dazugeben. Alles mit dem Senf und den Pfefferkörnern mischen.

2. Das Tatar mit Weinbrand aromatisieren. Mit Salz, Pfeffer und Cayennepfeffer kräftig abschmecken.

3. Die Toastbrotscheiben mit Butter oder Margarine bestreichen und das Tatar gleichmäßig darauf verteilen. Die Toasts zusammenklappen und im Sandwich-Toaster 5 bis 6 Minuten toasten. Herausnehmen, diagonal halbieren, anrichten und servieren.

Sandwich-Toasts mit Mettfüllung

- Vorbereitungszeit: ca. 5 Min.
- ca. 380 kcal je Portion
- Dazu paßt ein Radicchiosalat

75 g mageres Schweinemett
1 kleine Zwiebel
2 EL eingelegte Paprikastreifen
1 Knoblauchzehe
je 1/2 EL gehackte Petersilie, frisch geschnittener Schnittlauch und gehackte Kresse
Salz
frisch gemahlener Pfeffer
1 Prise Kümmel
1 Msp. Majoran
1 Prise Cayennepfeffer
4 Scheiben Toastbrot
1–2 EL Butter oder Margarine

1. Das Schweinemett in eine Schüssel geben. Die Zwiebel, die Paprikaschoten und die Knoblauchzehe fein hacken, mit den Kräutern mischen.

2. Schweinemett und Gemüse miteinander verrühren. Mit Salz, Pfeffer, Kümmel, Majoran und Cayennepfeffer kräftig abschmecken.

3. Die Toastbrotscheiben mit Butter oder Margarine bestreichen. Das Schweinemett gleichmäßig darauf verteilen, zusammenklappen und im Sandwich-Toaster 5 bis 6 Minuten toasten. Herausnehmen, diagonal halbieren, anrichten und servieren.

Crevettenecken

- Vorbereitungszeit: ca. 5 Min.
- ca. 370 kcal je Portion
- Dazu paßt ein Orangensalat mit Joghurtdressing

75 g Krabben oder Crevetten, ausgelöst
Saft von 1/2 Zitrone
2 EL Crème fraîche
1 Frühlingszwiebel
1 Scheibe Ananas (frisch oder aus der Dose)
2 EL gehackter Dill
Salz, frisch gemahlener Pfeffer
1 Prise Cayennepfeffer
1 EL Sojasauce
1 Msp. Fünf-Gewürz-Pulver
4 Scheiben Toastbrot
1-2 EL Butter oder Margarine

1. Die Krabben oder Crevetten mit dem Zitronensaft und der Crème fraîche im Mixer oder mit dem Pürierstab pürieren.

2. Die Frühlingszwiebel in feine Streifen schneiden. Die Ananas fein würfeln. Mit dem Dill unter die Krabbenmasse rühren.

3. Das Ganze mit Salz, Pfeffer, Cayennepfeffer, Sojasauce und Fünf-Gewürz-Pulver abschmecken.

4. Die Toastbrotscheiben mit Butter oder Margarine bestreichen, die Masse gleichmäßig darauf verteilen, zusammenklappen und im Sandwich-Toaster 5 bis 6 Minuten toasten. Herausnehmen, diagonal halbieren, anrichten und servieren.
(auf dem Foto: oben)

Lachsecken

- Vorbereitungszeit: ca. 5 Min.
- ca. 410 kcal je Portion
- Dazu paßt ein trockener Weißwein

75 g Räucherlachs
1-2 EL Sahnemeerrettich
einige Tropfen Zitronensaft
1-2 EL gehackter Dill
1 EL mittelscharfer Senf
1-2 EL Crème fraîche
1-2 EL Preiselbeeren
Salz, frisch gemahlener Pfeffer
1 Prise Cayennepfeffer
4 Scheiben Toastbrot
1-2 EL Butter oder Margarine

1. Den Räucherlachs fein hacken. Mit Sahnemeerrettich, Zitronensaft, Dill, Senf, Crème fraîche und Preiselbeeren in eine Schüssel geben und gut verrühren.

2. Die Masse mit Salz, Pfeffer und Cayennepfeffer kräftig abschmecken.

3. Die Toastbrotscheiben mit Butter oder Margarine bestreichen, die Masse gleichmäßig darauf verteilen, zusammenklappen und im Sandwich-Toaster 3 bis 4 Minuten toasten. Herausnehmen, diagonal halbieren, anrichten und servieren.
(auf dem Foto: unten)

AROMATISCH

ALLERFEINST

Pikante Gemüseschnitten

- Vorbereitungszeit: 8–10 Min.
- ca. 430 kcal je Portion
- Dazu paßt ein leichter Rotwein

1 kleine Zwiebel
100 g Auberginenfruchtfleisch ohne Schale
einige Tropfen Zitronensaft
1/2 Paprikaschote
1 feingehackte Knoblauchzehe
1–2 EL Olivenöl
1–2 EL Tomatenmark
1 Schuß Rotwein
1 TL getrocknetes Basilikum
1 TL getrockneter Oregano
Salz
frisch gemahlener Pfeffer
1 Prise Cayennepfeffer
2–3 EL geriebener Parmesankäse
4 Scheiben Toastbrot
1–2 EL Butter oder Margarine

1. Die Zwiebel und das Auberginenfruchtfleisch fein würfeln, mit Zitronensaft beträufeln. Die Paprikaschote fein würfeln und den Knoblauch dazugeben.

2. Das Olivenöl in einer Pfanne erhitzen und das Gemüse darin scharf anbraten. Das Tomatenmark darunterrühren und mit Rotwein ablöschen. Mit Basilikum, Oregano, Salz, Pfeffer, Cayennepfeffer abschmecken und 4 bis 5 Minuten köcheln lassen, vom Feuer nehmen und erkalten lassen. Den Parmesankäse darunterrühren.

3. Die Toastbrotscheiben mit Butter oder Margarine bestreichen, die Masse gleichmäßig darauf verteilen, zusammenklappen und im Sandwich-Toaster 3 bis 4 Minuten toasten. Herausnehmen, anrichten und servieren.

Sandwich-Toast »Istanbul«

- Vorbereitungszeit: ca. 5 Min.
- ca. 380 kcal je Portion
- Dazu paßt ein Tomatensalat mit Zwiebelringen

1/2 Zwiebel
1 kleines Stück Salatgurke (ca. 6 cm lang)
1 Frühlingszwiebel
2 Knoblauchzehen
2–3 EL Magerquark
2 EL geriebener Butterkäse
Salz, frisch gemahlener Pfeffer
1/2 TL Tsatsikigewürz
1 Prise Cayennepfeffer
2–3 EL frisch geschnittener Schnittlauch
4 Scheiben Toastbrot
1–2 EL Butter oder Margarine

1. Die Zwiebel, die Salatgurke, die Frühlingszwiebel und die Knoblauchzehen fein hacken und alles in eine Schüssel geben.

2. Den Magerquark und den Butterkäse daruntermischen. Mit Salz, Pfeffer, Tsatsikigewürz und Cayennepfeffer kräftig würzen und den Schnittlauch daruntermischen.

3. Die Toastbrotscheiben mit Butter oder Margarine bestreichen, die Masse gleichmäßig darauf verteilen, zusammenklappen und im Sandwich-Toaster 3 bis 4 Minuten toasten. Herausnehmen, diagonal halbieren, anrichten und servieren.

SÜSSE SANDWICH-TOASTS

Für die großen und kleinen Naschkatzen sind süße Sandwich-Toasts eine Verführung, an der man nicht vorbeikommt. Ob Fruchtpürees, Marmeladen oder Gelees – süße Sandwich-Toasts laden zum genüßlichen Naschen ein.

Sandwich-Toasts mit Himbeermark

- Vorbereitungszeit: ca. 5 Min.
- ca. 480 kcal je Portion
- Dazu paßt Vanilleeis mit Sahne

75 g frische Himbeeren
1/2 Päckchen Vanillezucker
2–3 EL Crème fraîche
einige Tropfen Orangenlikör
1–2 EL gemahlene Mandeln
1–2 EL gemahlene Haselnüsse
4 Scheiben Toastbrot
1–2 EL Butter oder Margarine

1. Die Himbeeren fein hacken und in eine Schüssel geben. Den Vanillezucker, die Crème fraîche und den Orangenlikör daruntermischen.

2. Mit den Mandeln und den Haselnüssen die Masse binden.

3. Die Toastbrotscheiben mit Butter oder Margarine bestreichen, die Himbeermasse gleichmäßig darauf verteilen, zusammenklappen und im Sandwich-Toaster 2 bis 3 Minuten toasten. Herausnehmen, diagonal halbieren, anrichten und servieren.

Tip:
Bei allen Fruchtpürees sollten Sie darauf achten, daß die Masse nicht zu flüssig wird, da sonst der Sandwich-Toast unnötig feucht wird und leicht durchweicht. Als Bindemittel verwenden Sie am besten Hafer- oder Weizenflocken, aber auch Cornflakes, Semmelbrösel oder gemahlene Nüsse.

Honig-Nuß-Schnitten

- Vorbereitungszeit: ca. 4 Min.
- ca. 540 kcal je Portion
- Dazu paßt Vanillemilch

3–4 EL Honig
je 1–2 EL gemahlene Mandeln, gehackte Pistazien und gehackte Pinienkerne
1 EL abgeriebene Schale einer unbehandelten Zitrone
2–3 EL Rumrosinen
einige Tropfen Zitronensaft
4 Scheiben Toastbrot
1–2 EL Butter oder Margarine

1. Den Honig in eine Schüssel geben. Die Mandeln, die Pistazien und die Pinienkerne dazugeben und alles miteinander verrühren.

2. Die Zitronenschale und die Rumrosinen daruntermischen. Das Ganze mit Zitronensaft aromatisieren.

3. Die Toastbrotscheiben mit Butter oder Margarine und der Honig-Nuß-Masse bestreichen, zusammenklappen und im Sandwich-Toaster 3 bis 4 Minuten toasten.

Schnelle Orangenecken

- Vorbereitungszeit: ca. 5 Min.
- ca. 320 kcal je Portion
- Dazu paßt Nuß-Schokoladen-Eis

4 Scheiben Toastbrot
1–2 EL Butter oder Margarine
3–4 EL Orangenmarmelade
einige Tropfen Orangenlikör
1 EL gehackte Pistazien
1 EL gehackte Zitronenmelisse

1. Die Toastbrotscheiben mit Butter oder Margarine bestreichen.

2. Die Orangenmarmelade mit Orangenlikör aromatisieren. Die Pistazienkerne und die Zitronenmelisse daruntermischen und das Ganze gleichmäßig auf den Toastbrotscheiben verteilen.

3. Die Toastbrote zusammenklappen und im Sandwich-Toaster 3 bis 4 Minuten toasten. Herausnehmen, diagonal halbieren, anrichten und servieren.

Schokoschnitten

- Vorbereitungszeit: ca. 3 Min.
- ca. 300 kcal je Portion
- Dazu passen Orangenfilets

4 Scheiben Toastbrot
1–2 EL Butter oder Margarine
50 g Himbeeren
1–2 EL gehackte Mandeln
1 EL gehackte Haselnüsse
3–4 EL Nuß-Nougat-Crème
einige Tropfen Orangenlikör

1. Die Toastbrotscheiben dünn mit Butter oder Margarine bestreichen.

2. Die Himbeeren kleinschneiden, mit den Mandeln und den Haselnüssen unter die Nuß-Nougat-Créme mischen.

3. Die Masse mit Orangenlikör aromatisieren, sie auf die Toastscheiben gleichmäßig verteilen, zusammenklappen und im Sandwich-Toaster 3 bis 4 Minuten toasten. Herausnehmen, diagonal halbieren, anrichten und servieren.

Frischkäse-Ecken

- Vorbereitungszeit: ca. 3 Min.
- ca. 230 kcal je Portion
- Dazu passen Apfelschnitze

4 Scheiben Toastbrot
1–2 EL Butter oder Margarine
1 Ecke Doppelrahm-Frischkäse (ca. 65 g)
2 EL Johannisbeergelee
einige Tropfen Zitronensaft
1 Päckchen Vanillezucker
1–2 EL gehackte Pistazien

1. Die Toastbrotscheiben dünn mit Butter oder Margarine bestreichen.

2. Den Frischkäse mit dem Johannisbeergelee, Zitronensaft und dem Vanillezucker glattrühren und die Pistazien daruntermischen.

3. Die Toastbrotscheiben gleichmäßig mit der Masse bestreichen, zusammenklappen und im Sandwich-Toaster 3 bis 4 Minuten toasten. Herausnehmen, diagonal halbieren, anrichten und servieren.

Apfeltaschen

- Vorbereitungszeit: ca. 6 Min.
- ca. 530 kcal je Portion
- Dazu paßt Schokoladeneis mit Sahne

1 säuerlicher Apfel
Saft von 1/2 Zitrone
1–2 EL Rumrosinen
1–2 EL gehackte Mandeln
1 EL gehackte Haselnüsse
1/2 TL Zimtpulver
1 Prise Vanillezucker
1–2 EL Honig
1–2 EL Haferflocken
4 Scheiben Toastbrot
1–2 EL Butter oder Margarine

1. Den Apfel schälen, entkernen, fein raspeln und sofort mit Zitronensaft beträufeln.

2. Den Apfel mit den Rumrosinen, den Mandeln und den Haselnüssen in einer Schüssel mischen. Mit Zimtpulver, Vanillezucker und Honig aromatisieren, mit den Haferflocken leicht binden.

3. Die Toastbrotscheiben mit Butter oder Margarine bestreichen, die Apfelmasse gleichmäßig darauf verteilen, zusammenklappen und im Sandwich-Toaster 3 bis 4 Minuten toasten. Herausnehmen, diagonal halbieren, anrichten und servieren.
(auf dem Foto: oben und unten)

Trockenobsttaschen

- Vorbereitungszeit: 8–10 Min
- ca. 500 kcal je Portion
- Dazu paßt ein Obstsalat mit Früchten der Saison

30 g getrocknete Aprikosen
30 g getrocknete Pflaumen
75 ml Orangensaft
2 EL gehackte Mandeln
1–2 EL Honig
je 1 Prise Vanillezucker, Zimtpulver und Nelkenpulver
1–2 EL Haferflocken
4 Scheiben Toastbrot
1–2 EL Butter oder Margarine

1. Die Früchte in Würfel schneiden. Mit dem Orangensaft in einen Topf geben und 5 bis 6 Minuten köcheln lassen. Herausnehmen und im Mixer oder mit dem Pürierstab pürieren.

2. Die Mandeln und den Honig unter die Masse rühren. Mit Vanillezucker, Zimtpulver und Nelkenpulver abschmecken.

3. Die Masse mit Haferflocken leicht binden und ausquellen lassen.

4. Die Toastbrotscheiben mit Butter oder Margarine bestreichen, die Trockenobstmasse gleichmäßig darauf verteilen, zusammenklappen und im Sandwich-Toaster 3 bis 4 Minuten toasten. Herausnehmen, diagonal halbieren, anrichten und servieren.
(auf dem Foto: in der Mitte)

Rosinenschnitten

- Vorbereitungszeit: ca. 5 Min.
- ca. 550 kcal je Portion
- Dazu passen frische Erdbeeren

3 EL Magerquark
1 kleines Ei
1/2 Päckchen Vanillezucker
3 EL Rumrosinen
1 EL Honig
1–2 EL Haferflocken
1–2 EL gehackte Mandeln
4 Scheiben Toastbrot
1–2 EL Butter oder Margarine

1. Den Quark mit dem Ei und dem Vanillezucker in eine Schüssel geben und glattrühren.

2. Die Rumrosinen und den Honig daruntermischen. Das Ganze mit den Haferflocken leicht binden und ausquellen lassen.

3. Die Mandeln daruntermischen. Die Toastbrotscheiben mit Butter oder Margarine bestreichen.

4. Die Masse gleichmäßig darauf verteilen, zusammenklappen und im Sandwich-Toaster 3 bis 4 Minuten toasten. Herausnehmen, diagonal halbieren, anrichten und servieren.

Nougatschnitten

- Vorbereitungszeit: ca. 5 Min.
- ca. 570 kcal je Portion
- Dazu paßt ein Milchshake

75 g Nougatrohmasse
3 EL Speisequark
einige Tropfen Orangenlikör
1 EL Honig
1–2 EL Kakaopulver
1–2 EL Haferflocken
4 Scheiben Toastbrot
1–2 EL Butter oder Margarine

1. Den Nougat zerbröckeln. Den Quark mit dem Nougat, dem Orangenlikör, dem Honig sowie dem Kakaopulver in eine Schüssel geben und glattrühren.

2. Die Nougatmasse mit den Haferflocken leicht binden und ausquellen lassen.

3. Die Toastbrotscheiben mit Butter oder Margarine bestreichen, die Masse gleichmäßig darauf verteilen, zusammenklappen und im Sandwich-Toaster 3 bis 4 Minuten toasten. Herausnehmen, diagonal halbieren, anrichten und servieren.

Marzipanschnitten

- Vorbereitungszeit: ca. 5 Min.
- ca. 510 kcal je Portion
- Dazu paßt ein Melonensalat mit Vanillesauce

50 g Marzipan-Rohmasse
2–3 EL Sahne
einige Tropfen Orangenlikör
50 g entsteinte Kaiserkirschen aus dem Glas
1–2 EL Mandelsplitter
4 Scheiben Toastbrot
1–2 EL Butter oder Margarine

1. Die Marzipan-Rohmasse zerbröckeln. Mit der Sahne und dem Orangenlikör in eine Schüssel geben und glattrühren.

2. Die Kaiserkirschen gut abtropfen lassen, entsteinen und in Würfel schneiden. Mit den Mandelsplittern unter die Marzipanmasse rühren.

3. Die Toastbrotscheiben mit Butter oder Margarine bestreichen, die Marzipanmasse gleichmäßig darauf verteilen, zusammenklappen und im Sandwich-Toaster 3 bis 4 Minuten toasten. Herausnehmen, diagonal halbieren, anrichten und servieren.
(auf dem Foto: oben)

Schwedenecken

- Vorbereitungszeit: ca. 5 Min.
- ca. 420 kcal je Portion
- Dazu paßt ein Fruchtshake

2 EL Apfelmus
1 Ecke Doppelrahm-Frischkäse (ca. 65 g)
1–2 EL Preiselbeeren
Saft von 1/2 Zitrone
1–2 EL Honig
1 Prise Vanillezucker
einige Tropfen Apfelschnaps
1–2 EL Haferflocken
4 Scheiben Toastbrot
1–2 EL Butter oder Margarine

1. Das Apfelmus mit dem Frischkäse, den Preiselbeeren, dem Zitronensaft und dem Honig in eine Schüssel geben und glattrühren.

2. Mit Vanillezucker und Apfelschnaps aromatisieren und dann mit den Haferflocken leicht binden.

3. Die Toastbrotscheiben mit Butter oder Margarine bestreichen, die Apfelmasse gleichmäßig darauf verteilen, zusammenklappen und im Sandwich-Toaster 3 bis 4 Minuten toasten. Herausnehmen, diagonal halbieren, anrichten und servieren.
(auf dem Foto: unten)

HERZHAFT

Sandwich-Toasts mit Schokoladencreme

- Vorbereitungszeit: ca. 5 Min.
- ca. 490 kcal je Portion
- Dazu paßt Vanilleeis mit heißen Himbeeren

3 EL Mascarpone (italien. Frischkäse)
25 g flüssige Schokolade
1–2 EL Kakaopulver
einige Tropfen Schokoladenlikör
1 Prise Vanillezucker
1 Prise Zimtpulver
1–2 EL Haferflocken
4 Scheiben Toastbrot
1–2 EL Butter oder Margarine

1. Den Mascarpone mit der flüssigen Schokolade, dem Kakaopulver sowie dem Schokoladenlikör glattrühren.

2. Mit Vanillezucker und Zimtpulver aromatisieren. Mit Haferflocken binden und ausquellen lassen.

3. Die Toastbrotscheiben mit Butter oder Margarine bestreichen, die Schokoladencreme gleichmäßig darauf verteilen, zusammenklappen und im Sandwich-Toaster 3 bis 4 Minuten toasten. Herausnehmen, diagonal halbieren, anrichten und servieren.

Birnenecken

- Vorbereitungszeit: ca. 6 Min.
- ca. 420 kcal je Portion
- Dazu paßt ein Glas Milch

1 säuerliche Birne
Saft von 1/2 Zitrone
30 g geraspelte Vollmilchschokolade
einige Tropfen Birnengeist
1–2 EL Speisequark
30 g geriebener Butterkäse
4 Scheiben Toastbrot
1–2 EL Butter oder Margarine

1. Die Birne schälen, entkernen, fein raspeln und sofort mit Zitronensaft beträufeln.

2. Die Vollmilchschokolade daruntermischen und mit Birnengeist aromatisieren. Den Quark und den Butterkäse daruntermischen.

3. Die Toastbrotscheiben mit Butter oder Margarine bestreichen, die Masse gleichmäßig darauf verteilen, zusammenklappen und im Sandwich-Toaster 3 bis 4 Minuten toasten. Herausnehmen, diagonal halbieren, anrichten und servieren.

Erdbeerschnitten

- Vorbereitungszeit: ca. 6 Min.
- ca. 430 kcal je Portion
- Dazu paßt ein Glas Milch

75 g frische Erdbeeren
1 EL Zucker
1 Prise Vanillezucker
einige Tropfen Erdbeerlikör
1-2 EL Haferflocken
1-2 EL Mandelblättchen
1 Ei
1 Schuß Milch
½ TL Speisestärke
4 Scheiben Toastbrot
1-2 EL Butter oder Margarine

1. Die Erdbeeren in Würfel schneiden und in eine Schüssel geben.

2. Mit Zucker, Vanillezucker und Erdbeerlikör aromatisieren und 2 bis 3 Minuten ziehen lassen. Anschließend die Haferflocken und die Mandelblättchen daruntermischen.

3. Das Ei mit der Milch verschlagen und die Speisestärke daruntermischen. Das Ganze gleichmäßig unter die Erdbeeren heben.

4. Die Toastbrotscheiben mit Butter oder Margarine bestreichen, die Masse gleichmäßig darauf verteilen, zusammenklappen und im Sandwich-Toaster 3 bis 4 Minuten garen. Herausnehmen, diagonal halbieren, anrichten und servieren.
(auf dem Foto oben)

Bananenecken

- Vorbereitungszeit: ca. 5 Min.
- ca. 550 kcal je Portion
- Dazu paßt Erdbeereis mit Sahne

1 mittelgroße Banane
Saft von ½ Zitrone
4 Scheiben Toastbrot
1-2 EL Butter oder Margarine
2 EL Nuß-Nougat-Creme
1-2 EL gehackte Pistazien
1-2 EL gehackte Haselnüsse

1. Die Banane schälen, in dünne Scheiben schneiden und mit Zitronensaft beträufeln.

2. Die Toastbrotscheiben dünn mit der Butter oder Margarine und der Nuß-Nougat-Creme bestreichen.

3. Die Bananenscheiben auf zwei Toastbrote verteilen. Mit Pistazien und Haselnüssen bestreuen und mit den restlichen Toastbrotscheiben bedecken.

4. Die Bananen-Toasts im Sandwich-Toaster 2 bis 3 Minuten toasten. Herausnehmen, diagonal halbieren, anrichten und servieren.
(auf dem Foto unten)

MILD

Studenten-Sandwich-Toast

- Vorbereitungszeit: ca. 5 Min.
- ca. 610 kcal je Portion
- Dazu paßt ein Obstsalat

1–2 EL Rosinen
1 EL Korinthen
1 EL gehackte, gesalzene Erdnüsse
1–2 EL gehackte Haselnüsse
1 EL gehackte Cashewkerne
1–2 EL Honig
1–2 EL Schokoladenstreusel
4 Scheiben Toastbrot
1–2 EL Butter oder Margarine

1. Die Rosinen, die Korinthen, die Erdnüsse, die Haselnüsse und Cashewkerne in eine Schüssel geben.

2. Den Honig und die Schokoladenstreusel dazugeben und alles gut miteinander vermischen.

3. Die Toastbrotscheiben mit Butter oder Margarine bestreichen und die Masse gleichmäßig darauf verteilen. Die Toastbrote zusammenklappen und im Sandwich-Toaster 2 bis 3 Minuten toasten. Herausnehmen, diagonal halbieren, anrichten und servieren.

Hüttenschnitte

- Vorbereitungszeit: ca. 5 Min.
- ca. 470 kcal je Portion
- Dazu paßt ein Stück Wassermelone

2–3 EL eingelegte Pflaumen
3 EL Hüttenkäse
1–2 EL Mandelsplitter
1 EL gehackte Haselnüsse
1–2 EL Pflaumenmus
1 Msp. Zimtpulver
1 Prise Vanillezucker
einige Tropfen Rum
4 Scheiben Toastbrot
1–2 EL Butter oder Margarine

1. Die Pflaumen abtropfen lassen und in feine Würfel schneiden, mit dem Frischkäse vermischen.

2. Die Mandelsplitter, die Haselnüsse und das Pflaumenmus dazugeben. Das Ganze gut miteinander mischen. Mit Zimtpulver, Vanillezucker und Rum aromatisieren.

3. Die Toastbrotscheiben mit Butter oder Margarine bestreichen und die Masse gleichmäßig darauf verteilen. Die Toastbrote zusammenklappen und im Sandwich-Toaster 2 bis 3 Minuten toasten. Herausnehmen, diagonal halbieren, anrichten und servieren.

KLASSISCHE TOASTS

Altbekannt und heiß geliebt – die Klassiker unter den Toasts sind immer noch die Renner bei den großen und kleinen Feinschmeckern. Vielfältig sind die Möglichkeiten, aus Toastbroten richtige Schlemmereien zu machen. Lassen Sie sich von uns in dieses Schlemmerparadies entführen, damit auch Sie Ihre Feinschmecker zu Hause verwöhnen können.

Weinschaumtoast

- Vorbereitungszeit: 10–15 Min.
- ca. 470 kcal je Portion
- Dazu paßt ein trockener Weißwein

2 kleine Eier
3–4 EL Roséwein
einige Tropfen Zitronensaft
Salz, frisch gemahlener Pfeffer
1 Prise Cayennepfeffer
1 Prise Muskat
150 g geriebener Emmentaler
4 Scheiben Vollkorntoastbrot
1–2 EL Butter oder Margarine
Kirschtomaten und Dillzweige zum Garnieren

1. Die Eier trennen und das Eiweiß steif schlagen. Das Eigelb mit dem Weißwein und dem Zitronensaft schaumig schlagen.

2. Mit Salz, Pfeffer, Cayennepfeffer und Muskat kräftig würzen.

3. Den Emmentaler unter das Eigelb mischen und das Eiweiß darunterheben.

4. Den Backofen auf 200 °C vorheizen. Die Toastbrotscheiben toasten, dünn mit Butter oder Margarine bestreichen und die Ei-Käse-Masse gleichmäßig darauf verteilen.

5. Die Toastbrote unter dem Grill oder im Backofen 6 bis 8 Minuten goldgelb überbacken. Herausnehmen, die Kirschtomaten in Scheiben schneiden und die Toasts damit und mit den Dillzweigen garnieren.

KERNIG

Toast mit Rinderfilet

- Vorbereitungszeit: ca. 10 Min.
- ca. 730 kcal je Portion
- Dazu paßt ein Glas Rotwein

6 dünne Scheiben fetter Speck
2 Scheiben Rinderfilet (je ca. 150 g)
1 EL Pflanzenöl
frisch gemahlener Pfeffer
Salz
2 Scheiben Toast
1 TL Senf
1 TL Kräuterbutter
2 Scheiben Schmelzkäse

1. Den Backofen auf 220 °C vorheizen. Die Speckscheiben in einer Pfanne auslassen und auf Küchenkrepp legen.

2. Die Rinderfiletscheiben flach drücken, mit Pfeffer bestreuen. In Öl scharf anbraten und bei geringer Hitze noch weitere 4 Minuten garen, salzen.

3. Die Toastbrotscheiben toasten und mit Senf bestreichen. Je eine Filetscheibe und drei Speckscheiben darauf legen.

4. Die Kräuterbutter auf dem Speck verteilen und den Käse darüberlegen. Die Toasts im Ofen so lange überbacken, bis der Käse geschmolzen und goldbraun ist.
(auf dem Foto oben)

Salamitoast

- Vorbereitungszeit: 10–15 Min.
- ca. 470 kcal je Portion
- Dazu paßt ein gemischter Salat

75 g frische Mischpilze
einige Tropfen Zitronensaft
1 kleine Zwiebel
1-2 EL Olivenöl, 2 kleine Eier
Salz, frisch gemahlener Pfeffer
1 Prise Muskatpulver
2 Scheiben Weißbrot
1-2 EL Butter oder Margarine
50 g Salamischeiben, 1 Tomate
2 EL gehackte Petersilie

1. Die Mischpilze kleinschneiden und mit Zitronensaft beträufeln. Die Zwiebel fein hacken.

2. Das Olivenöl in einer Pfanne erhitzen. Die Zwiebel und die Mischpilze darin glasig schwitzen.

3. Die Eier verschlagen. Mit Salz, Pfeffer und Muskat kräftig würzen. Zu den Mischpilzen geben und alles unter ständigem Rühren stocken lassen.

4. Das Weißbrot toasten. Mit etwas Butter oder Margarine bestreichen und mit den Salamischeiben belegen.

5. Die Pilzmasse gleichmäßig auf den Salamischeiben verteilen. Die Tomate in Scheiben schneiden. Im verbliebenen Bratfett kurz glasig schwitzen. Auf die Pilzmasse legen, mit gehackter Petersilie bestreuen, anrichten und servieren.
(auf dem Foto unten)

Variation:
Sie können die Salami auch durch gebratenes Putenfleisch, gekochten Schinken oder Roastbeef ersetzen.

FEIN

ITALIENISCH

Toast »Weiß-Blau«

- Vorbereitungszeit: 10–15 Min.
- ca. 620 kcal je Portion
- Dazu paßt ein gemischter Salat mit Knoblauchdressing

1 Zwiebel
2 kleine Scheiben Fleisch- oder Leberkäse
1-2 EL Butter oder Margarine
2 Scheiben Vollkorntoastbrot
1-2 EL Tomatenketchup
1-2 EL süßer bayerischer Senf
2 Scheiben bayerischer Bergkäse nach Wahl
4 saure Gürkchen
Kräuterzweige zum Garnieren

1. Die Zwiebel in feine Würfel oder Scheibchen schneiden.

2. Den Fleisch- oder Leberkäse in wenig Butter oder Margarine anbraten. Die Zwiebeln dazugeben und mitbraten.

3. Den Backofen auf 200 °C vorheizen. Die Toastbrotscheiben kurz toasten. Den Tomatenketchup mit dem süßen Senf glattrühren. Die Hälfte auf die Toastbrotscheiben streichen, sie mit dem Fleisch- oder Leberkäse belegen, mit dem restlichen Ketchup-Senf-Gemisch bestreichen und die Zwiebel darauf legen. Mit je einer Scheibe Käse bedecken.

4. Die Toastbrotscheiben unter dem vorgeheizten Grill oder im Backofen 6 bis 8 Minuten überbacken und herausnehmen. Die Gürkchen halbieren und fächerförmig schneiden und mit den Kräuterzweigen auf die Toasts legen.

Tomaten-Ei-Toast

- Vorbereitungszeit: 10–15 Min.
- ca. 420 kcal je Portion
- Dazu paßt ein Radieschensalat

50 g gekochter oder roher Schinken
1 Zwiebel
2 Eier
1 Schuß Milch
3 EL gemischte, gehackte Kräuter (Petersilie, Schnittlauch, Kerbel, Estragon)
1 Prise Salz, frisch gemahlener Pfeffer
1 Prise Muskatpulver
1 Prise Cayennepfeffer
2 Scheiben Mischbrot
1–2 EL Butter oder Margarine
2 Tomaten
50 g geriebener Butterkäse

1. Den Schinken und die Zwiebel fein würfeln.

2. Die Eier mit der Milch verschlagen. Die Kräuter daruntermischen. Mit Salz, Pfeffer, Muskat und Cayennepfeffer würzen.

3. Etwas Fett in einer Pfanne erhitzen. Den Schinken und die Zwiebeln darin glasig schwitzen.

4. Die Kräuter-Ei-Mischung daruntermischen und unter ständigem Rühren stocken lassen. Den Backofen auf 200 °C vorheizen.

5. Das Mischbrot kurz toasten. Mit Butter bestreichen. Die Tomaten in Scheiben schneiden und darauf legen, das Kräuter-Ei darüber verteilen.

6. Den Käse darüberstreuen und im Grill oder im Backofen etwa 6 bis 8 Minuten überbacken. Herausnehmen, anrichten und servieren.

Deftiger Wursttoast

- Vorbereitungszeit: 10–15 Min.
- ca. 660 kcal je Portion
- Dazu paßt ein kühles Bier

2 Zwiebeln
1 kleine rote Paprikaschote
1/2 grüne Paprikaschote
1-2 EL Butter oder Margarine
Salz, frisch gemahlener Pfeffer
1 Prise Cayennepfeffer
1 Msp. Oregano, 1 Msp. Basilikum
2 Scheiben Bauernbrot
2–3 EL Remouladensauce
2 Scheiben Bierschinken
4 Scheiben Salami
1 Tomate
2 Scheiben Butterkäse
einige Radieschen
2–3 EL frisch geschnittener Schnittlauch

1. Die Zwiebeln und die Paprikaschoten in feine Streifen schneiden.

2. Die Butter in einer Pfanne erhitzen und das Gemüse darin glasig schwitzen. Mit Salz, Pfeffer, Cayennepfeffer, Oregano und Basilikum würzen.

3. Die Bauernbrote toasten, mit Remouladensauce bestreichen und mit den Bierschinken- und Salamischeiben belegen. Den Backofen auf 200 °C vorheizen.

4. Die Tomate in Scheiben schneiden und auf die Wurst legen.

5. Das Paprikagemüse darauf verteilen. Mit dem Käse bedecken und unter dem Grill oder im Backofen 8 bis 10 Minuten überbacken. Herausnehmen, die Radieschen in Scheiben schneiden und darauf legen, mit Schnittlauch bestreuen und servieren.
(auf dem Foto oben)

Feines Gemüsebrot

- Vorbereitungszeit: 10–15 Min.
- ca. 380 kcal je Portion
- Dazu paßt ein Rohkostteller mit verschiedenen Dressings

1 Tomate
1 Stück Salatgurke
1 Stück Zucchino
30 g gekochter Schinken
30 g Salami
1 Gewürzgurke
Salz, frisch gemahlener Pfeffer
1 Prise Muskat
1 Prise Cayennepfeffer
2 kleine Fladenbrote
2–3 EL Kräuterbutter
2 Scheiben Butterkäse
2–3 EL frisch geschnittener Schnittlauch

1. Die Tomate vom Strunk befreien und in Scheiben schneiden. Die Salatgurke und den Zucchino ebenfalls in Scheiben schneiden.

2. Den Schinken, die Salami und die Gewürzgurke fein würfeln. Das Ganze mit Salz, Pfeffer, Muskat und Cayennepfeffer abschmecken. Den Backofen auf 200 °C vorheizen.

3. Die Fladenbrote halbieren und toasten. Mit Kräuterbutter bestreichen. Mit den Gemüsescheiben belegen. Mit der Schinken-Salami-Mischung bestreuen und mit je einer Scheibe Käse bedecken.

4. Das Ganze unter dem Grill oder im Backofen 6 bis 8 Minuten überbacken. Herausnehmen, anrichten und mit dem Schnittlauch bestreut servieren.
(auf dem Foto unten)

ITALIENISCH

PIKANT

Harzer Käse-Toast

- Vorbereitungszeit: 10–15 Min.
- ca. 390 kcal je Portion
- Dazu paßt ein Glas trockener Weißwein

ca. 150 g Harzer Käse
1/2 Bund Radieschen
1 kleine Zwiebel
2 Scheiben Toastbrot
1–2 EL Butter oder Margarine
einige Kopfsalat-Blätter
1–2 EL Olivenöl
1–2 EL Obstessig
Salz
frisch gemahlener Pfeffer
1/2 TL Kümmel

1. Den Harzer Käse und die Radieschen in Scheiben schneiden. Die Zwiebel fein hacken. Die Toastbrotscheiben toasten.

2. Mit Butter oder Margarine bestreichen und mit den Salatblättern belegen. Die Radieschen gleichmäßig darauf verteilen. Mit Olivenöl und Obstessig beträufeln und mit Salz und Pfeffer würzen.

3. Den Harzer Käse darauf legen. Die Zwiebel und den Kümmel darüberstreuen, garnieren und servieren.
(auf dem Foto: oben)

Welsh Rarebit

- Vorbereitungszeit: 10–15 Min.
- ca. 760 kcal je Portion
- Dazu paßt ein Tomatensalat

150 g Chester- oder Cheddarkäse
1–2 EL Butter oder Margarine
2 EL Sahne
1 EL mittelscharfer Senf
1 Eigelb
einige Tropfen Zitronensaft
Salz, frisch gemahlener Pfeffer
1 Prise gemahlener Kümmel
1 Prise Muskatpulver
1 Prise Cayennepfeffer
2 Scheiben Toastbrot
1–2 EL Butter oder Margarine
2 Eier

1. Den Käse fein reiben. Mit der Butter oder Margarine und der Sahne in eine feuerfeste Schüssel geben. Im Wasserbad unter ständigem Rühren schmelzen lassen.

2. Den Backofen auf 200 °C vorheizen. Den Senf und das Eigelb in eine Schüssel geben und verschlagen. Mit Zitronensaft, Salz, Pfeffer, Kümmel, Muskat sowie Cayennepfeffer kräftig würzen und das Ganze unter die Käsemasse rühren.

3. Die Toastbrote toasten, die Käsemasse gleichmäßig darauf verteilen, unter dem Grill oder im Backofen 6 bis 8 Minuten überbacken.

4. In der Zwischenzeit etwas Butter oder Margarine in einer Pfanne erhitzen und zwei Spiegeleier ausbacken.

5. Die Toasts anrichten, mit den Spiegeleiern bedecken, garnieren und servieren.
(auf dem Foto: unten)

ENGLISCH

Holzfällertoast

- Vorbereitungszeit: 10–15 Min.
- ca. 580 kcal je Portion
- Dazu paßt ein gemischter Salat

100 g Zwiebelmett
1 EL mittelscharfer Senf
1 EL Sahnemeerrettich
Salz, frisch gemahlener Pfeffer
1 Prise Cayennepfeffer
2 Scheiben Vollkorntoastbrot
1–2 EL Butter oder Margarine
2 Scheiben gekochter Schinken
2 Scheiben Ananas (aus der Dose)
2 Scheiben Gouda

1. Das Zwiebelmett mit dem Senf und dem Sahnemeerrettich in eine Schüssel geben und verrühren, mit Salz, Pfeffer und Cayennepfeffer kräftig würzen. Zwei flache Küchlein formen und sie in einer beschichteten Pfanne braten.

2. Die Toastbrotscheiben toasten und mit Butter oder Margarine bestreichen. Die Fleischküchlein darauf legen. Den Backofen auf 200 °C vorheizen.

3. Mit je einer Scheibe Schinken und einer Scheibe Ananas belegen. Mit einer Scheibe Gouda bedecken.

4. Den Toast unter dem Grill oder im Backofen etwa 5 Minuten überbacken. Herausnehmen, anrichten und servieren.

Spargeltoast

- Vorbereitungszeit: 10–15 Min.
- ca. 430 kcal je Portion
- Dazu paßt ein Glas Rosèwein

2–3 EL Mayonnaise
einige Tropfen Zitronensaft
einige Tropfen Worcestersauce
1–2 EL Sahnemeerrettich
Salz, frisch gemahlener Pfeffer
1 Prise Cayennepfeffer
1 Prise Muskat
2 Scheiben Buttertoast
4 Scheiben Lachsschinken
8–10 Stangen Spargel
2 Scheiben Butterkäse

1. Die Mayonnaise in eine Schüssel geben. Den Zitronensaft, die Worcestersauce und den Sahnemeerrettich dazugeben und darunterrühren. Mit Salz, Pfeffer, Cayennepfeffer und Muskat kräftig würzen.

2. Die Toastbrotscheiben toasten. Mit der Creme bestreichen und mit Lachsschinken belegen. Den Backofen auf 200 °C vorheizen.

3. Den Spargel gut abtropfen lassen und gleichmäßig darauf verteilen. Mit dem Käse bedecken und unter dem Grill oder im Backofen 6 bis 8 Minuten überbacken. Herausnehmen, anrichten und servieren.

Zwiebel-Tomaten-Toast

- Vorbereitungszeit: 10–15 Min.
- ca. 610 kcal je Portion
- Dazu paßt Salat von grünen Bohnen

3 kleine Zwiebeln
1 Knoblauchzehe
1–2 EL Butter oder Margarine
1/2 TL Kümmel
2–3 EL Crème fraîche
Salz, frisch gemahlener Pfeffer
1 Prise Cayennepfeffer
1 TL Majoran
2 Scheiben Fünfkornbrot
1–2 EL Remouladensauce oder Butter
2 Tomaten
4 Scheiben Butterkäse

1. Die Zwiebeln und die Knoblauchzehe in feine Scheiben schneiden. Die Butter oder Margarine in einer Pfanne erhitzen. Die Zwiebeln, den Knoblauch und den Kümmel darin glasig schwitzen.

2. Das Ganze vom Feuer nehmen und die Crème fraîche hineinrühren. Mit Salz, Pfeffer, Cayennepfeffer und Majoran kräftig würzen. Den Backofen auf 200 °C vorheizen.

3. Das Fünfkornbrot toasten und mit Remouladensauce oder Butter bestreichen. Die Tomaten in Scheiben schneiden und darauf legen.

4. Die Zwiebel-Knoblauch-Mischung gleichmäßig auf den Tomaten verteilen und mit Butterkäse bedecken. Die Toasts unter dem Grill oder im Backofen 6 bis 8 Minuten überbacken. Herausnehmen, anrichten, garnieren und servieren.
(auf dem Foto: oben)

Paprika-Tomaten-Toast

- Vorbereitungszeit: 10–15 Min.
- ca. 330 kcal je Portion
- Dazu paßt ein bunter Wurstsalat

1 grüne Paprikaschote
2 Tomaten
2 Scheiben Mehrkorntoastbrot
2–3 EL Kräuterbutter
Salz, frisch gemahlener Pfeffer
1 Prise Cayennepfeffer
2 Scheiben Scheiblettenkäse
1/4 Kästchen Kresse

1. Von der Paprikaschote eine Haube abschneiden und das Kerngehäuse herauslösen. Die Schote unter fließendem Wasser waschen, gut abtropfen lassen und anschließend in hauchdünne Scheiben schneiden.

2. Die Tomaten vom Strunk befreien und ebenfalls in Scheiben schneiden. Den Backofen auf 200 °C vorheizen.

3. Das Toastbrot toasten, mit Kräuterbutter bestreichen. Mit den Tomaten- und Paprikascheiben belegen. Mit Salz, Pfeffer und Cayennepfeffer würzen.

4. Mit den Käsescheiben bedecken und unter dem Grill oder im Backofen 6 bis 8 Minuten überbacken. Herausnehmen, die Kresse frisch schneiden und die Toasts damit bestreuen.
(auf dem Foto: unten)

FRISCH

Toast »London«

- Vorbereitungszeit: 10–15 Min.
- ca. 550 kcal pro Portion
- Dazu paßt ein gemischter Salat

100 g frische Champignons
einige Tropfen Zitronensaft
1 Zwiebel
1-2 EL Butter oder Margarine
1 Schuß Sahne
Salz
frisch gemahlener Pfeffer
Muskatpulver
Cayennepfeffer
einige Tropfen Worcestersauce
2 Scheiben Toastbrot
1-2 EL Butter oder Margarine
2 dicke Scheiben kalter Braten (à 75 g)
2 Scheiben Butterkäse
1-2 EL frisch gehackte Petersilie

1. Die Champignons in Scheiben schneiden und mit Zitronensaft beträufeln. Die Zwiebel fein hacken.

2. Die Butter erhitzen und die Zwiebel darin anschwitzen. Die Champignons dazugeben und kurz mitschwitzen. Mit der Sahne ablöschen und 2 bis 3 Minuten einkochen lassen.

3. Mit Salz, Pfeffer, Muskat, Cayennepfeffer und Worcestersauce kräftig abschmecken.

4. Den Backofen auf 200 °C vorheizen. Die Toastbrote toasten. Auf eine feuerfeste Form legen. Mit Butter bestreichen und je eine Scheibe kalten Braten darauf legen. Mit den Champignons überziehen und mit Butterkäse bedecken.

5. Unter dem Grill oder im Backofen 6 bis 8 Minuten überbacken. Dann herausnehmen, anrichten und mit der Petersilie bestreut servieren.
(auf dem Foto oben)

Toast »Hawaii«

- Vorbereitungszeit: 12 Min.
- ca. 430 kcal pro Portion
- Dazu paßt ein Salatcocktail

2 Scheiben Toastbrot
1-2 EL Butter oder Margarine
4 Scheiben gekochter Schinken
1 EL mittelscharfer Senf
1 EL Tomatenketchup
2 Scheiben Ananas
2 Scheiben Butterkäse
einige entsteinte Kaiser- oder Sauerkirschen
einige Salatblätter

1. Die Toastbrotscheiben toasten, auf eine feuerfeste Form legen und mit Butter oder Margarine bestreichen.

2. Den Backofen auf 200 °C vorheizen. Den gekochten Schinken auf die Toastscheiben legen. Den Senf und den Tomatenketchup miteinander verrühren. Den Schinken damit bestreichen.

3. Mit je einer Scheibe Ananas belegen und mit dem Käse bedecken.

4. Unter dem Grill oder im Backofen 6 bis 8 Minuten überbacken. Herausnehmen, mit den Kirschen und den Salatblättern garnieren und servieren.
(auf dem Foto unten)

FEIN-WÜRZIG

FRUCHTIG

Feiner Salami-Schinken-Toast

- Vorbereitungszeit: ca. 8 Min.
- ca. 480 kcal pro Portion
- Dazu paßt ein Glas trockener Weißwein

2 Scheiben getoastetes Toastbrot
1–2 EL Kräuterbutter
2 Scheiben gekochter Schinken
2–4 Scheiben Salami
1 Tomate, 1 Stück Salatgurke
1 hartgekochtes Ei
Salz, frisch gemahlener Pfeffer
1 EL Crème fraîche, 2 EL Curryketchup
2 EL frisch geschnittene Kresse
2 Scheiben Gouda

1. Die Brotscheiben in eine feuerfeste Form legen, mit der Butter bestreichen und mit dem Aufschnitt belegen.

2. Tomate, Salatgurke und Ei in Scheiben schneiden, auf die Wurstscheiben legen. Mit Salz und Pfeffer würzen. Crème fraîche und Ketchup mischen und darauf streichen. Den Backofen auf 200 °C vorheizen. Brote mit Kresse bestreuen und mit den Käsescheiben bedecken. Im Backofen 6 bis 8 Minuten überbacken.

Feuriger Pustatoast

- Vorbereitungszeit: ca. 7 Min.
- ca. 350 kcal pro Portion
- Dazu paßt ein Endiviencocktail mit Kirschtomaten

2 Scheiben Toastbrot
1–2 EL Butter oder Margarine
4 Scheiben Paprikalyoner
1 hartgekochtes Ei
50 g rote und grüne Paprikastreifen
2–3 EL Pusztasalat (Fertigprodukt)
2–3 EL Pusztasauce
2–3 EL frisch geschnittene Kresse

1. Die Toastbrote toasten, dünn mit Butter oder Margarine bestreichen und mit der Wurst belegen.

2. Das Ei in Scheiben schneiden. Mit den Paprikastreifen und dem Pusztasalat gleichmäßig auf den Toasts anrichten.

3. Mit der Pusztasauce beträufeln und mit der Kresse bestreuen.

Sardinentoast

- Vorbereitungszeit: ca. 8 Min.
- ca. 430 kcal pro Portion
- Dazu paßt ein Glas leichter Rotwein

2 Scheiben Toastbrot
1–2 EL Kräuterbutter
1 kleine Dose Ölsardinen
1 kleine Zwiebel
einige gefüllte Oliven
1/2 Scheibe Ananas
(frisch oder aus der Dose)
2 EL Curryketchup
2 EL frisch geschnittener Schnittlauch

1. Die Toastbrote toasten und mit der Kräuterbutter bestreichen.

2. Die Sardinen gut abtropfen lassen und darauf legen.

3. Zwiebel und Oliven in Scheiben schneiden. Die Ananas aus der Dose abtropfen lassen und nochmal halbieren. Alles dekorativ auf den Toastscheiben anrichten.

4. Das Ganze mit Curryketchup beträufeln und zum Schluß mit frisch geschnittenem Schnittlauch bestreuen.

Roastbeeftoast

- Vorbereitungzeit: ca. 7 Min.
- ca. 280 kcal je Portion
- Dazu paßt ein grüner Salat

2 Scheiben Toastbrot
2–3 EL Remouladensauce
4 Scheiben Roastbeef
1 Tomate
1 kleine Zwiebel
einige Radieschen
1 hartgekochtes Ei
1–2 EL frisch geschnittener Schnittlauch

1. Die Toastbrote toasten und mit Remouladensauce bestreichen.

2. Das Roastbeef dekorativ auf den Toastscheiben anrichten.

3. Die Tomate vom Strunk befreien und in Scheiben schneiden. Die Zwiebel ebenfalls in Scheiben schneiden.

4. Die Radieschen blättrig schneiden. Das Ei schälen und in Scheiben schneiden. Tomaten-, Zwiebel- und Ei-Scheiben dekorativ auf dem Roastbeef anrichten, mit dem Schnittlauch bestreuen.

Feiner Champignontoast

- Vorbereitungszeit: ca. 10 Min.
- ca. 430 kcal je Portion
- Dazu paßt ein Glas trockener Weißwein

2 große Scheiben Weißbrot
2 EL Kräuterfrischkäse
2 Scheiben gekochter Schinken
1 Zwiebel
1–2 EL Butter oder Margarine
75 g frische Champignons
Saft von 1/2 Zitrone
1 Tomate
1 Scheibe Ananas (aus der Dose)
1 Kästchen Kresse
einige Krabben oder Crevetten
Salz, frisch gemahlener Pfeffer
1 Prise Cayennepfeffer
1 Prise Muskat
2 Scheiben junger Gouda

1. Die Weißbrotscheiben toasten, mit dem Frischkäse bestreichen und mit den Schinkenscheiben belegen.

2. Die Zwiebel fein hacken und in Butter glasig dünsten. Die Champignons blättrig schneiden, mit Zitronensaft beträufeln und mitschwitzen.

3. Die Tomate überbrühen, enthäuten, entkernen und würfeln. Die Ananas würfeln. Die Kresse abschneiden und die Tomaten- und Ananaswürfel sowie die Krabben oder Crevetten mit den Zwiebeln kurz mitschwitzen.

4. Das Ganze mit Salz, Pfeffer, Cayennepfeffer und Muskat kräftig abschmecken und erkalten lassen. Den Backofen auf 200 °C vorheizen.

5. Die Tomaten-Zwiebel-Crevetten-Masse gleichmäßig auf dem Schinken verteilen und die Toasts mit je einer Scheibe Gouda belegen. Im Grill oder Backofen 6 bis 8 Minuten überbacken.
(auf dem Foto: unten Mitte)

EINFACH GUT

Jeder Titel mit 64 Seiten, ca. 50 Farbfotos, kartoniert.

DM 9,90, S 79,–, SFr 10,90
ISBN: 3-8068-**1349**-3

DM 9,90, S 79,–, SFr 10,90
ISBN: 3-8068-**1299**-3

DM 9,90, S 79,–, SFr 10,90
ISBN: 3-8068-**1289**-6

DM 9,90, S 79,–, SFr 10,90
ISBN: 3-8068-**1291**-8

DM 9,90, S 79,–, SFr 10,90
ISBN: 3-8068-**1290**-X

DM 9,90, S 79,–, SFr 10,90
ISBN: 3-8068-**1346**-9

In der Reihe EINFACH GUT sind ebenfalls erschienen:

Cocktails und Drinks
ISBN: 3-8068-**1292**-6

Nudelgerichte
ISBN: 3-8068-**1293**-4

Rezepte für 1 Person
ISBN: 3-8068-**1294**-2

Aufläufe
ISBN: 3-8068-**1295**-0

Waffeln
ISBN: 3-8068-**1296**-9

Kartoffelgerichte
ISBN: 3-8068-**1297**-7

Fondues
ISBN: 3-8068-**1298**-5

Braten auf dem heißen Stein
ISBN: 3-8068-**1300**-0

Gemüsegerichte
ISBN: 3-8068-**1347**-7

Geflügelgerichte
ISBN: 3-8068-**1348**-5

Rezepte für Tisch- und Gartengrill
ISBN: 3-8068-**1351**-5

Pizza
ISBN: 3-8068-**1352**-3

Jeder Titel **DM 9,90**, S 79,–, SFr 10,90

Rezeptverzeichnis

Dieses Buch gehört zu einer Kochbuchreihe, die die beliebtesten Themen aus dem Bereich Essen und Trinken aufgreift. Fragen Sie Ihren Buchhändler.

ISBN 3 8068 1331 0

Umschlaggestaltung: Peter Udo Pinze
Nachauflagenredaktion: Birgit Wenderoth
Titelbild: Wolfgang u. Christel Feiler, Karlsruhe (Rezepte »Einfache Schinkentaschen«, Seite 6/7, »Feiner Champignontoast«, Seite 62); Fotos Seiten 4 und 45 bis 61: FALKEN Archiv; alle anderen Fotos: Wolfgang u. Christel Feiler, Karlsruhe
Produktion: VerlagsService Dr. Helmut Neuberger & Karl Schaumann GmbH, Heimstetten
Satz: Fotosatz Völkl, Puchheim
Druck: Sebald Sachsendruck, Plauen

817 2635 44